नमस्ते

मानक पाठ्य पुस्तक

हिन्दी

힌디어 표준 교재

한국외국어대학교 인도어과 · 인도학과

A0

धन्यवाद

HU:iNE

본 교재는 2018년 정부(교육부 국립국제교육원) '특수외국어교육 진흥 사업'의
지원을 받아 수행된 결과입니다. (CFL-한국외-2018-힌디-C-2)

प्रस्तावना

머리말

본 교재는 국민에게 전문적인 특수외국어교육에 대한 기회 제공과 특수외국어 인재 양성을 위해 시행된 특수외국어교육진흥법에 의거하여 개발되었습니다.

그간 표준화된 공통교육과정 없이 진행되었던 국내 특수외국어교육에 대한 내실화를 도모하고 전공자뿐만 아니라 일반인에게도 체계화된 수준별 학습이 가능하도록 각 단계에서 익혀야 하는 표준교육과정에 따라서 개발된 작은 결실입니다.

『힌디어 표준 교재 A0』는 학습자들이 힌디어의 문자와 발음을 쉽고 재미있게 익힐 수 있도록 다양한 어휘 및 예문을 통해 체계적으로 구성되어 있습니다.

본 교재를 열성적으로 감수를 해 주신 한국외국어대학교 김우조 교수님과 임근동 교수님 그리고 출판될 수 있도록 편집을 맡아 주신 지식출판원 이근영 선생님께 감사의 말씀을 드립니다.

끝으로 힌디어와 같은 특수외국어가 체계적으로 잘 교육될 수 있도록 특수외국어교육 기반 조성에 심혈을 기울이고 지원을 아끼지 않는 국립국제교육원 관계자 여러분께도 심심한 사의를 표합니다.

집필위원 일동

सूचनाएँ

일러두기

힌디어 표준 교재는 대한민국 정부의 특수외국어교육진흥법에 의거하여 체계적으로 개발된 표준교육과정을 바탕으로 힌디어를 배우고자 하는 학습자의 의사소통 능력 신장을 위한 교재입니다.

☑ 집필 방향

- 특수외국어 표준 교재는 유럽언어공통기준(CEFR)을 참고하여, 초급(A), 중급(B), 고급(C) 단계로 개발되었습니다. 각 단계는 다시 둘로 나뉘어 총 6개의 세부 단계(A1, A2, B1, B2, C1, C2)로 구성됩니다.
- 그러나 힌디어와 같은 일부 아시아언어는 아시아언어공통기준에 근거한 개별 표준교육과정에 따라 유럽언어공통기준에서 제시되지 않았던 문자와 발음 단계인 A0가 추가 개발되었습니다.
- 『힌디어 표준 교재 A0』는 힌디어를 처음 접하는 학습자들이 데브나그리(देवनागरी) 문자의 읽고 쓰는 법을 익히는 과정으로, 이를 통해 힌디어를 처음 접하는 학습자들이 향후 A1 단계로 쉽게 넘어갈 수 있도록 준비되었습니다.
- 본 교재는 힌디어 문자 학습을 우선적인 학습목표로 삼았습니다. 이에 따라 해당 문자의 정확한 발음을 보여주기 위해 사용 빈도가 낮거나 다소 높은 수준의 어휘가 부득이하게 제시되기도 했습니다.
- 힌디어 표준교육과정에 근거하여 개발된 본 교재를 통해 힌디어 전공 학생뿐만 아니라 일반인들도 표준화된 양질의 교육을 제공받을 수 있는 기반이 마련될 것입니다.

교재 구성

- 본 교재는 연습문제를 포함하여 모두 7개의 과로 이루어져 있습니다.
- 1과 '모음'와 2과 '자음'에서는 각 모음과 자음으로 시작하는 단어를 듣고 따라 읽으며 써봅니다. 구별이 어려운 힌디어 장단모음, 유 · 무성음, 유 · 무기음의 경우 연습문제를 통해 다시 한번 반복하여 익힐 수 있도록 하였습니다.
- 3과 '모음 축약형'과 4과 '복자음'에서는 힌디이 자음과 모음, 자음과 자음의 결합을 공부합니다. 3과에서는 모든 자모음 결합형을 써보면서 힌디어 음절의 개념을 이해합니다. 4과에서는 복자음을 만드는 규칙을 익힌 뒤 새로운 형태로 변하는 복자음은 읽고 쓰는 법을 반복하여 연습합니다.
- 5과 '비모음과 비자음'에서는 비모음과 비자음의 발음과 표기법을 익힙니다.
- 6과 '발음'에서는 힌디어를 읽을 때 주의해야 하는 몇 가지 발음규칙과 외래어 발음을 알아봅니다.
- 7과 '연습'은 힌디어 문자, 단어, 문장 쓰기 연습으로 구성됩니다. 학습자는 앞에서 배운 내용을 다시 한번 살펴보고, 스스로 다음 단계의 학습 계획을 세울 수 있습니다.
- 본 교재는 인도 관련 사진을 다양하게 싣고자 했습니다. 이를 통해 처음 힌디어를 접하는 학습자의 흥미를 유발하고, 낯선 인도 문화에 자연스럽게 친숙해질 수 있도록 하였습니다.
- 힌디어 표기는 국립국어원 외래어 표기법을 따르는 것이 원칙이나 정확한 발음을 학습해야 하는 본 교재의 특성상 원어에 가장 가깝게 표기했음을 밝힙니다.

अनक्रुम

차례

A0 교재 구성표

과	제목	학습목표	비고
1	**स्वर** 모음	• 힌디어 모음의 구성 및 특징을 이해한다 • 힌디어의 모음을 명확하게 발음할 수 있다. • 힌디어의 모음을 바르게 쓸 수 있다	• 모음 듣기 • 모음 읽기 • 모음 쓰기
2	**व्यंजन** 자음	• 힌디어 자음 구성 및 특징을 이해한다 • 힌디어 자음을 명확하게 발음할 수 있다. • 힌디어 자음을 바르게 쓸 수 있다.	• 자음 듣기 • 자음 읽기 • 자음 쓰기 • 유사자음 구별하기
3	**मात्रा** 모음 축약형	• 힌디어 음절을 이해한다. • 모음 축약형을 바르게 쓸 수 있다 • 힌디어 자음과 모음을 결합시킬 수 있다.	• 아부기다 문자 이해 • 마뜨라 쓰기 • 자모음 결합하기
4	**संयुक्त व्यंजन** 복자음	• 힌디어 자음과 자음을 결합시킬 수 있다. • 새로운 형태로 변하는 복자음을 익힌다. • 복자음 단어를 바르게 읽을 수 있다.	• 자음 결합 규칙 • 복자음 쓰기 • 복자음 읽기
5	**अनुनासिक और अनुस्वार** 비모음과 비자음	• 비모음을 명확하게 발음할 수 있다. • 다섯 가지 비자음의 발음을 구별할 수 있다. • 비자음 표기법을 이해한다.	• 비모음 기호 • 비자음 기호 • 비모음과 비자음 읽기
6	**उच्चारण** 발음	• 힌디어 발음규칙을 이해한다. • 외래어를 명확하게 발음할 수 있다. • 힌디어 단어를 읽을 수 있다.	• 발음 규칙 • 외래어 단어 표기 • 단어 읽기
7	**A0 ज़रूरी शब्दों की शब्दावली** A0 필수 어휘	• 힌디어 필수 어휘를 익힌다. • 힌디어 필수 표현을 익힌다.	• 필수 어휘 읽기 • 필수 어휘 쓰기 • 필수 어휘 암기
부록	**अभ्यास** 연습문제	• 힌디어 문자 쓰기를 연습한다. • 힌디어 자모음 결합을 연습한다. • 힌디어 단어와 짧은 문장 쓰기를 연습한다.	• 자모음 쓰기 • 자모음 결합하기 • 단어 및 문장 쓰기

자모음표

힌디어는 인도유럽어족의 인도-이란어파에 속하며, 데브나그리(**देवनागरी**) 문자를 사용합니다. 데브나그리의 데브(**देव**)는 '신(神)의' 또는 '신성한'을 뜻하고 나그리(**नागरी**)는 '거주지'를 뜻하는 나가르(**नगर**)에서 파생되었습니다. 따라서 데브나그리는 '신성한 신들의 거주지에서' 쓰인 문자라고 여겨집니다. 데브나그리 문자는 아래와 같이 모음 11개와 자음 35개로 이루어져 있습니다.

अ आ इ ई उ ऊ

ऋ ए ऐ ओ औ

क ख ग घ ङ

च छ ज झ ञ

ट ठ ड ढ ण

त थ द ध न

प फ ब भ म

य र ल व

श ष स ह

ड़ ढ़

पाठ 01

모음

학습목표

- 힌디어 모음을 명확하게 발음할 수 있다.
- 힌디어 모음을 바르게 쓸 수 있다.

स्वर

1. 힌디어 문자의 이름을 아나요?
2. 힌디어 모음은 몇 개인가요?
3. 장모음과 단모음을 구별할 수 있나요?

모음

힌디어에는 11개의 모음이 있습니다.

अ	आ	इ	ई	उ	ऊ	ऋ
아/어	아-	이	이-	우	우-	르/리

ए	ऐ	ओ	औ
에	애	오	어오/오-

힌디어 모음은 단모음과 장모음으로 구분됩니다. **ऋ**(리)를 제외한 10개 모음을 나누어 보면 다음과 같습니다.

단모음	अ 아/어	इ 이	उ 우				
장모음	आ 아-	ई 이-	ऊ 우-	ए 에	ऐ 애	ओ 오	औ 어오/오-

단모음은 조금 빠르고 짧게 끊어 발음하며, 장모음은 편안하고 길게 발음합니다. 실제 회화에서 단모음과 장모음의 구별은 문맥 속에서 이해되니 어려워하지 말고 자신 있게 말해봅시다.

अ /어/와 /아/의 중간 발음으로, 많은 경우 /아/에 가깝게 발음됩니다.

आ /아-/로 길게 발음합니다.

इ /이/로 짧게 끊어 발음합니다.

ई /이-/로 길게 발음합니다.

उ /우/로 짧게 끊어 발음합니다.

ऊ /우-/로 길게 발음합니다.

ऋ /르/와 /리/의 중간 발음입니다. 관례적으로 모음으로 분류되지만 순수한 모음은 아닙니다. ऋ는 자음 र्와 모음 इ가 결합된 것으로 순수한 모음으로 보기는 어렵습니다. 그러나 혀가 입천장에 닿지 않아 소리가 입 밖으로 나갈 때 막힘이 없기 때문에 모음으로 분류됩니다.

ए /에/로 발음합니다.

ऐ /애/로 발음합니다. 뒤에 य्(y)가 오는 경우 혹은 지역에 따라 중모음 /아이/로 발음되기도 합니다.

ओ /오/로 발음합니다.

औ /이/와 /오/의 중간 발음을 길게 합니다. 뒤에 व्(v/w)가 오면 /아우/로 발음되기도 합니다.

अ

모음 स्वर

1. 소리 내어 따라 읽어보세요.

अनार

अचार

अदरक

अखरोट

अ

2. 단어를 듣고 अ에 ○를 그리세요.

अ	अब
अलग	अमीर

अनार 석류 अचार 아짜르(인도식 피클) अदरक 생강 अखरोट 호두

अब 지금, 현재; 이제 अलग 분리된; 다른; 별개의 अमीर 부유한

आ

모음 स्वर

आम

आलू

1. 소리 내어 따라 읽어보세요.

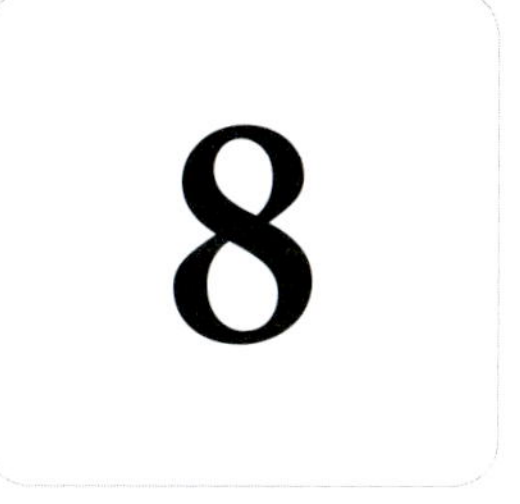

आठ

आग

आ

2. 단어를 듣고 आ에 ○를 그리세요.

आ	आप
आना	आदमी

आम 망고 आलू 감자 आठ 숫자8 आग 불 आप 당신 आना 오다 आदमी 사람

연습문제

단어를 듣고 첫소리를 써보세요.

अ

8

इ

모음 स्वर

1. 소리 내어 따라 읽어보세요.

इमारत

इस्तरी

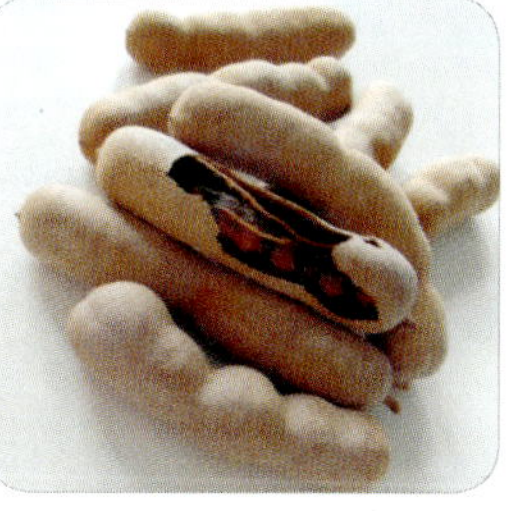

इमली

इम्तहान

इ

2. 단어를 듣고 इ에 ○를 그리세요.

इ	इधर
इतना	इतिहास

इमारत 건물 इस्तरी 다리미 इमली 타마린드 इम्तहान 시험 इधर 이쪽으로
इतना 이만큼 इतिहास 역사

ई

모음 स्वर

ईद

ईख

1. 소리 내어 따라 읽어보세요.

ईसाई

ईरान

ई

2. 단어를 듣고 ई에 ○를 그리세요.

ई	ईमानदार
ईश्वर	ईजाद

ईद 이드(무슬림 축제) ईख 사탕수수 ईसाई 기독교의; 기독교도 ईरान 이란
ईमानदार 정직한; 성실한 ईश्वर 신(神) ईजाद 발명

연습문제

단어를 듣고 첫소리를 써보세요.

इ

उ

모음 स्वर

उपहार

उड़ान

1. 소리 내어 따라 읽어보세요.

उपन्यास

उषा

उ

2. 단어를 듣고 उ에 ○를 그리세요.

उ	उधर
उठना	उपदेश

उपहार 선물　उड़ान 비행　उपन्यास 소설　उषा 새벽　उधर 저쪽으로

उठना 일어나다　उपदेश 교훈

ऊ

모음 स्वर

ऊन

ऊर्जा

ऊ

1. 소리 내어 따라 읽어보세요.

ऊपर

ऊद

2. 단어를 듣고 ऊ에 ○를 그리세요.

ऊ	ऊबना
ऊनी	ऊपरी

ऊन 모(毛)　ऊर्जा 에너지　ऊपर 위쪽에　ऊद 수달　ऊबना 지루하다
ऊनी 모직의　ऊपरी 위쪽의

연습문제

단어를 듣고 첫소리를 써보세요.

उ

ऋ

모음 स्वर

ऋषि

ऋतु

ऋ

1. 소리 내어 따라 읽어보세요.

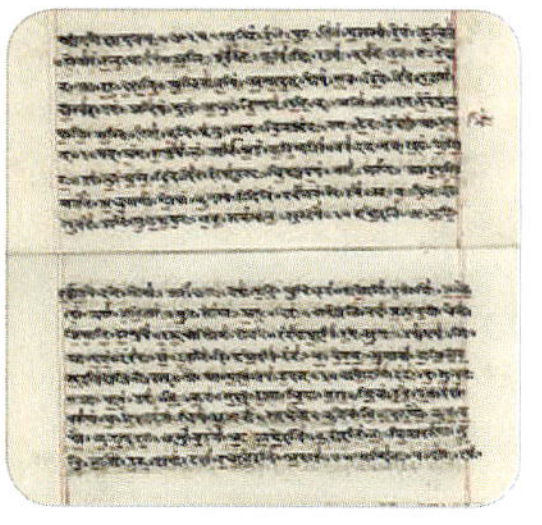

ऋग्वेद

ऋषिकेश

2. 단어를 듣고 ऋ에 ○를 그리세요.

ऋ	ऋचा
ऋण	ऋतुराज

ऋषि 현인 ऋतु 계절 ऋग्वेद 리그베다 ऋषिकेश 리시께시(도시) ऋचा (베다) 찬가
ऋण 빚, 채무 ऋतुराज 봄(계절의 왕)

ए

모음 स्वर

1. 소리 내어 따라 읽어보세요.

1

एक

एलोरा

&

एवं

एकता

ए

2. 단어를 듣고 ए에 ○를 그리세요.

ए	एड़ी
एकदम	एकांत

एक 숫자 1 **एलोरा** 엘로라(유적지) **एवं** 그리고 **एकता** 단일성 **एड़ी** 뒤꿈치
एकदम 단숨에 **एकांत** 한적한

ऐ

모음 स्वर

ऐनक

ऐश्वर्य

ऐ

1. 단어를 듣고 ऐ에 ○를 그리세요.

ऐ	ऐसा
ऐसे	ऐतिहासिक

ऐनक 안경　ऐश्वर्य 부귀　ऐसा 이러한　ऐसे 이렇게　ऐतिहासिक 역사적

연습문제

단어를 듣고 첫소리를 써보세요.

ऐ

ओ

और

ओस

ओ

1. 소리 내어 따라 읽어보세요.

ओम्

ओढ़नी

2. 단어를 듣고 **ओ**에 ○를 그리세요.

ओ	ओज
ओला	ओढ़ना

और 방향, 쪽　ओस 이슬　ओम् 옴(ॐ)　ओढ़नी 오르니(여성이 몸에 두르는 천)

ओज 광휘　ओला 우박　ओढ़ना 덮다

औ

1. 소리 내어 따라 읽어보세요.

औरत

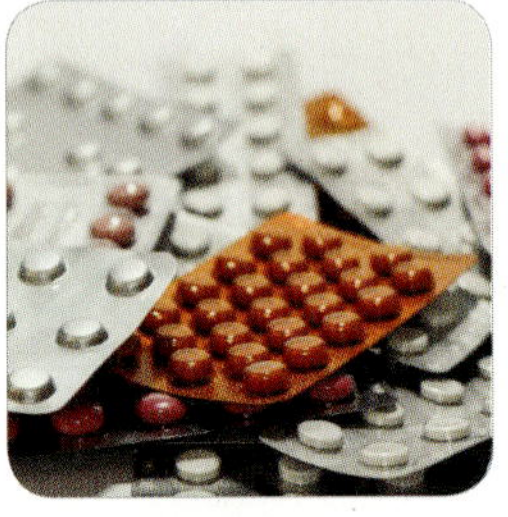

औषध

और

औज़ार

औ

2. 단어를 듣고 **औ**에 ○를 그리세요.

औ	औसत
औपचारिक	औरंगाबाद

औरत 여성 **औषध** 약 **और** 그리고 **औज़ार** 도구; 무기 **औसत** 평균
औपचारिक 형식적인 **औरंगाबाद** 아우랑가바드(도시)

연습문제

단어를 듣고 첫소리를 써보세요.

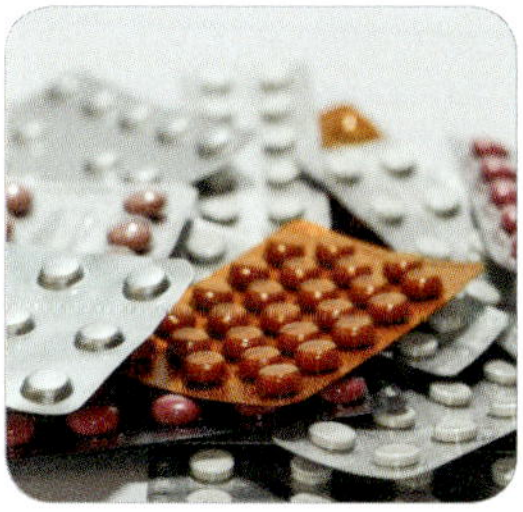

औ

मेमो

자음

학습목표

- 힌디어 자음을 명확하게 발음할 수 있다.
- 힌디어 자음을 바르게 쓸 수 있다.

व्यंजन

1. 힌디어 자음은 몇 개인가요?
2. 유성음과 무성음을 구별할 수 있나요?
3. 유기음과 무기음을 구별할 수 있나요?
4. **ट**와 **त**를 구별할 수 있나요?
5. **श**, **ष**, **स**의 차이를 알고 있나요?

자음

힌디어에는 35개의 자음이 있습니다.

क 까/꺼(ka)	ख 카/커(kha)	ग 가/거(ga)	घ 가/거(gha)	ङ 응아/응어(ŋa)
च 짜/쩌(ca)	छ 차/처(cha)	ज 자/저(ja)	झ 자/저(jha)	ञ 냐/녀(ña)
ट 따/떠(ṭa)	ठ 타/터(ṭha)	ड 다/더(ḍa)	ढ 다/더(ḍha)	ण 나/너(ṇa)
त 따/떠(ta)	थ 타/터(tha)	द 다/더(da)	ध 다/더(dha)	न 나/너(na)
प 빠/뻐(pa)	फ 파/퍼(pha)	ब 바/버(ba)	भ 바/버(bha)	म 마/머(ma)
य 야/여(ya)	र 라/러(ra)	ल 라/러(la)	व 바/버(va/wa)	
श 샤/셔(śa)	ष 샤/셔(ṣa)	स 사/서(sa)	ह 하/허(ha)	
ड़ 라/러(Ra)	ढ़ 라/러(Rha)			

앞서 배운 자음은 모음 अ(아/어)와 결합된 형태입니다. 모음 없이 단독으로 사용되는 자음은 밑에 할(हल्; ्)을 붙입니다.

क्	연구개음으로 혀 뒷부분을 연구개에 대어 발음합니다. 성대가 울리지 않고 기음(ㅎ)이 없는 무성무기음이자 파열음으로 우리말 된소리 /ㄲ/와 같습니다.
ख्	연구개음으로 혀 뒷부분을 연구개에 대어 발음합니다. 성대가 울리지 않고 기음이 있는 무성유기음이자 파열음으로 우리말 거센소리 /ㅋ/와 같습니다.
ग्	연구개음으로 혀 뒷부분을 연구개에 대어 발음합니다. 성대는 울리나 기음이 없는 유성무기음이자 파열음으로 우리말 예사소리 /ㄱ/와 같습니다.
घ्	연구개음으로 혀 뒷부분을 연구개에 대어 발음합니다. 성대도 울리고 기음도 있는 유성유기음이자 파열음으로, /ㄱ/를 발음할 때 바람을 함께 내뱉는 /ㄱ/와 /ㅎ/의 복합음이라 할 수 있습니다
ङ्	연구개음으로 혀 뒷부분을 연구개에 대어 발음합니다. 비강을 통해 공기를 내뿜으며 내는 비음으로, '싱가포르'의 '싱'를 발음할 때 나는 끝소리 /ŋ/와 같습니다. 초성에는 나타나지 않습니다.
च्	경구개음으로 혓날을 경구개에 대어 발음합니다. 무성무기음이자 파찰음으로 우리말 된소리 /ㅉ/와 같습니다.
छ्	경구개음으로 혓날을 경구개에 대어 발음합니다. 무성유기음이자 파찰음으로 우리말 거센소리 /ㅊ/와 같습니다.
ज्	경구개음으로 혓날을 경구개에 대어 발음합니다. 유성무기음이자 파찰음으로 우리말 예사소리 /ㅈ/와 같습니다.
झ्	경구개음으로 혓날을 경구개에 대어 발음합니다. 유성유기음이자 파찰음으로, /ㅈ/를 발음할 때 바람을 함께 내뱉는 /ㅈ/와 /ㅎ/의 복합음이라 할 수 있습니다.
ञ्	경구개음으로 혓날을 경구개에 대어 발음합니다. 비음으로 /녀/와 /냐/에 가깝게 소리 나며 초성에는 나타나지 않습니다.
ट्	반전음으로 혀끝을 잇몸 안쪽 입천장에 대어 발음합니다. 무성무기음이자 파열음으로 우리말에는 없으니 /ㄸ/를 발음하면서 혀끝이 잇니가 아닌 입천장에 닿게 하면 됩니다.
ठ्	반전음으로 혀끝을 잇몸 안쪽 입천장에 대어 발음합니다. 무성유기음이자 파열음으로 우리말에는 없으나 /ㅌ/를 발음하면서 혀끝이 윗니가 아닌 입천장에 닿게 하면 됩니다.

ड्

반전음으로 혀끝을 잇몸 안쪽 입천장에 대어 발음합니다. 무성유기음이자 파열음으로 우리말에는 없으나 /ㄷ/를 발음하면서 혀끝이 윗니가 아닌 입천장에 닿게 하면 됩니다.

ढ्

반전음으로 혀끝을 잇몸 안쪽 입천장에 대어 발음합니다. 무성유기음이자 파열음인 /ㄷ/와 /ㅎ/의 복합음으로 혀끝이 윗니가 아닌 입천장에 닿게 하면 됩니다.

ण्

반전음으로 혀끝을 잇몸 안쪽 입천장에 대어 발음합니다. 비음으로 우리말에는 없으나 /ㄴ/를 발음하면서 혀끝이 윗니가 아닌 입천장에 닿게 하면 됩니다.

त्

치음으로 혀끝을 윗니 안쪽에 대어 발음합니다. 무성무기음이자 파열음으로 우리말 된소리 /ㄸ/와 같습니다.

थ्

치음으로 혀끝을 윗니 안쪽에 대어 발음합니다. 무성유기음이자 파열음으로 우리말 거센소리 /ㅌ/와 같습니다.

द्

치음으로 혀끝을 윗니 안쪽에 대어 발음합니다. 유성무기음이자 파열음으로 우리말 예사소리 /ㄷ/와 같습니다.

ध्

치음으로 혀끝을 윗니 안쪽에 대어 발음합니다. 유성유기음이자 파열음으로, /ㄷ/를 발음할 때 바람을 함께 내뱉는 /ㄷ/와 /ㅎ/의 복합음이라 할 수 있습니다.

न्

치경음으로 혓날을 잇몸에 대어 발음합니다. 비음으로 우리말 /ㄴ/와 같습니다.

प्

양순음으로 두 입술로 발음합니다. 무성무기음이자 파열음으로 우리말 된소리 /ㅃ/와 같습니다.

फ्

양순음으로 두 입술로 발음합니다. 무성유기음이자 파열음으로 우리말 거센소리 /ㅍ/와 같습니다.

ब्

양순음으로 두 입술로 발음합니다. 유성무기음이자 파열음으로 우리말 예사소리 /ㅂ/와 같습니다.

भ्

양순음으로 두 입술로 발음합니다. 유성유기음이자 파열음으로, /ㅂ/를 발음할 때 바람을 함께 내뱉는 /ㅂ/와 /ㅎ/의 복합음이라 할 수 있습니다.

म्	양순음으로 두 입술로 발음합니다. 비음으로 우리말 /ㅁ/와 같습니다.
य्	혀 앞부분이 경구개 쪽으로 올라가며 소리 나는 반모음으로 /여/ 혹은 /이/로 발음되는 영어의 /y/와 비슷합니다.
र्	전동음으로 잇몸 위치에서 혀끝을 떨면서 발음합니다. 우리말 '사랑'을 발음할 때의 /ㄹ/와 유사합니다.
ल्	설측음으로 혀끝을 윗잇몸에 아주 붙인 채 혀 양쪽의 트인 데로 날숨을 흘려 발음합니다. 우리말 '밀납'을 발음할 때의 /ㄹ/와 유사합니다.
व्	양순음으로 입술을 작게 둥근 모양으로 오므린 상태에서 혀의 뒷부분이 연구개 쪽으로 올라가며 나는 반모음입니다. 우리말 순경음 /ㅸ/와 유사하며, 영어의 /v/나 /w/에 가깝습니다.
श्	경구개음에 속하는 마찰음으로 우리말 '시장'을 발음할 때의 /ㅅ/와 유사합니다.
ष्	반전음에 속하는 마찰음으로 우리말 '시장'을 발음할 때의 /ㅅ/와 유사합니다.
स्	치경음에 속하는 마찰음으로 우리말 /ㅅ/ 혹은 /ㅆ/와 같습니다.
ह्	후두에서 나는 마찰음으로 우리말 /ㅎ/와 같습니다.
ड़्	혀끝을 말아 올렸다가 제자리로 돌아가는 도중 치경돌기 뒷부분을 툭 쳐서 내는 설탄음으로 우리말 '올레'를 발음할 때의 /ㄹ/에 가깝습니다.
ढ़्	혀끝을 말아 올렸다가 제자리로 돌아가는 도중 치경돌기 뒷부분을 툭 쳐서 내는 설탄음입니다. ड़와 ह를 섞은 복합음입니다.

※ क़(q), ख़(kẖ), ग़(ġ), ज़(z), फ़(f)와 같이 글자 아래 점(़)이 있는 자음은 외래어를 표기하기 위한 것입니다. 이 점을 눅따(नुक़्ता)라고 합니다(6상 참소).

힌디어 자음은 조음의 위치와 방식에 따라 아래 표와 같이 분류할 수 있습니다.

위치 / 방식	양순음	순치음	치음	치경음	치경구개음 (반전음)	경구개음	연구개음	구개수음	성문음
파열음	प		त		ट		क	क़	
	फ		थ		ठ		ख	ख़	
	ब		द		ड		ग	ग़	
	भ		ध		ढ		घ		
파찰음						च			
						छ			
						ज			
						झ			
마찰음				स	ष	श			ह
		फ़(f)		ज़(z)					
비음	म			न	ण	ञ	ङ		
설측음				ल					
설전음				र					
설탄음					ड़				
					ढ़				
반모음	व(v/w)					य			

क

자음 व्यंजन

कपड़े

कद्दू

1. 소리 내어 따라 읽어보세요.

कबूतर

कमल

क

2. 단어를 듣고 **क**에 ○를 그리세요.

क	कब
करना	कमरा

कपड़े 옷 **कद्दू** 호박 **कबूतर** 비둘기 **कमल** 연꽃 **कब** 언제 **करना** 하다 **कमरा** 방

ख

1. 소리 내어 따라 읽어보세요.

खड़ा

खजूर

खनिज

खगोल

ख

2. 단어를 듣고 ख에 ○를 그리세요.

ख	खट्टा
खनिक	खटमल

खड़ा 서 있는 खजूर 대추야자 खनिज 광물 खगोल 천체 खट्टा 신, 시큼한
खनिक 광부 खटमल 빈대

ग

자음 व्यंजन

गरमी

गणेश

1. 소리 내어 따라 읽어보세요.

गधा

गमला

ग

2. 단어를 듣고 ग에 ○를 그리세요.

ग	गति
गला	गहरा

गरमी 더위 **गणेश** 가네샤(인간 몸에 코끼리 머리를 한 힌두교 신) **गधा** 당나귀
गमला 화분 **गति** 움직임; 속도 **गला** 목; 목구멍 **गहरा** 깊은; 짙은

घ

자음 व्यंजन

घर

घड़ी

1. 소리 내어 따라 읽어보세요.

घड़ा

घड़ियाल

घ

2. 단어를 듣고 **घ**에 ○를 그리세요.

घ	घना
घटना	घबराना

घर 집 **घड़ी** 시계 **घड़ा** 독, 항아리 **घड़ियाल** 악어 **घना** 빽빽한, 밀집한

घटना 사건 **घबराना** 당황하다

ङ

1. 소리 내어 따라 읽어보세요.

गंगा(गङ्गा)

पंखा(पङ्खा)

रंग(रङ्ग)

अंगूर(अङ्गूर)

ङ

※ ङ은 단어 초성에 사용되지 않습니다.

गंगा 갠지스강 पंखा 선풍기 रंग 색깔 अंगूर 포도

연습문제

단어를 듣고 첫소리 자음에 ○를 그리세요.

क ख ग घ

क ख ग घ

क ख ग घ

क ख ग घ

क ख ग घ

क ख ग घ

क ख ग घ

क ख ग घ

क ख ग घ

च

자음 व्यंजन

चम्मच

चप्पल

1. 소리 내어 따라 읽어보세요.

चना

चटनी

च

2. 단어를 듣고 **च**에 ○를 그리세요.

च	चलना
चढ़ना	चतुर

चम्मच 숟가락 **चप्पल** 슬리퍼 **चना** 이집트콩 **चटनी** 짜뜨니(인도식 소스)

चलना 가다, 움직이다 **चढ़ना** 오르다 **चतुर** 영리한

छ

1. 소리 내어 따라 읽어보세요.

छत

छतरी

6

छः

छड़ी

छ

2. 단어를 듣고 छ에 ○를 그리세요.

छ	छलाँग
छपना	छब्बीस

छत 천장; 지붕 छतरी 우산 छः 숫자 6 छड़ी 지팡이 छलाँग 뜀, 도약
छपना 인쇄되다 छब्बीस 숫자 26

ज

자음 व्यंजन

जन्मदिन

जल

ज

1. 소리 내어 따라 읽어보세요.

जड़

जलेबी

2. 단어를 듣고 ज에 ○를 그리세요.

ज	जन
जगह	जल्दी

जन्मदिन 생일　　जल 물　　जड़ 뿌리　　जलेबी 잘레비(소용돌이 모양의 인도 당과)

जन 사람　　जगह 장소　　जल्दी 빨리

झ

झगड़ा

झरना

झ

1. 소리 내어 따라 읽어보세요.

झपकी

झरोखा

2. 단어를 듣고 झ에 ○를 그리세요.

झ	झट
झपकना	झकझोरना

झगड़ा 말다툼; 싸움 **झरना** 폭포; 떨어지다 **झपकी** 낮잠, 선잠 **झरोखा** 벽에서 튀어나온 작은 창문 **झट** 즉시 **झपकना** 깜빡거리다; 낮잠 자다 **झकझोरना** 세게 흔들다

ञ

자음 व्यंजन

अंजीर(अञ्जीर)

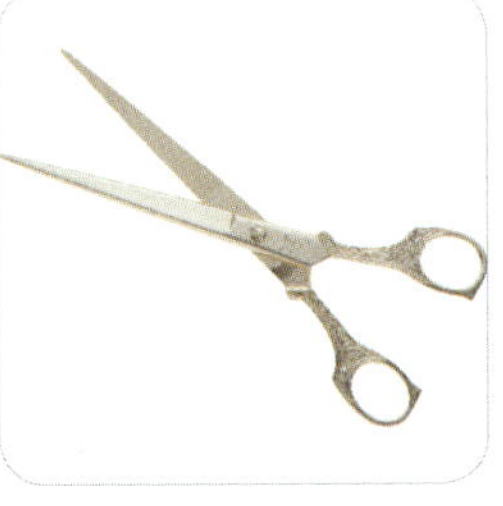

कैंची(कैञ्ची)

1. 소리 내어 따라 읽어보세요.

संचार(सञ्चार)

व्यंजन(व्यञ्जन)

ञ

※ **ञ**은 단어 초성에 사용되지 않습니다.

※ 괄호 안 표기 형태는 4장(복자음)을 참조하세요.

अंजीर 무화과 कैंची 가위 संचार 통신 व्यंजन 자음; 음식

연습문제

단어를 듣고 첫소리 자음에 ○를 그리세요.

च छ (ज) झ

च छ ज झ

च छ ज झ

च छ ज झ

च छ ज झ

च छ ज झ

च छ ज झ

च छ ज झ

च छ ज झ

ट

자음 व्यंजन

टमाटर

टहलना

ट

1. 단어를 듣고 ट에 ○를 그리세요.

ट	टपकना
टकराना	टलना

टमाटर 토마토 **टहलना** 산책하다 **टपकना** (물이) 똑똑 떨어지다 **टकराना** 부딪히다
टलना 연기되다

ठ

ठप्पा

ठकठकाना

ठ

1. 단어를 듣고 ठ에 ○를 그리세요.

ठ	ठहरना
ठगना	ठहराना

ठप्पा 스탬프　ठकठकाना 노크하다; 두드리다　ठहरना 멈추다　ठगना 속이다

ठहराना 멈추게 하다

ड

자음 व्यंजन

डब्बा

डफली

1. 소리 내어 따라 읽어보세요.

डमरू

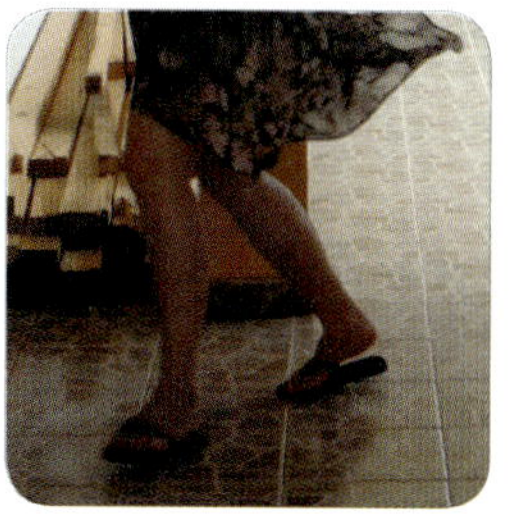

डग

ड

2. 단어를 듣고 ड에 ○를 그리세요.

ड	डर
डरपोक	डपटना

डब्बा 상자 डफली 탬버린 डमरू 다마루(흔들어서 연주하는 작은 북) डग 걸음; 보폭
डर 두려움 डरपोक 겁이 많은 डपटना 꾸짖다

ढ

자음 व्यंजन

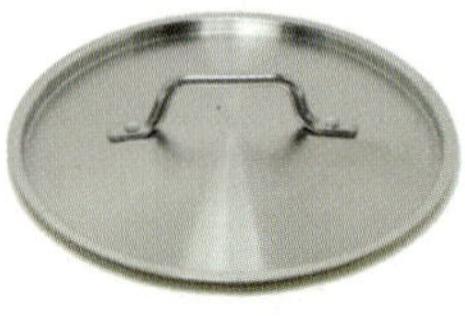

ढक्कन

ढलान

ढ

1. 단어를 듣고 ढ에 ○를 그리세요.

ढ	ढलना
ढहना	ढकना

ढक्कन 덮개　ढलान 비탈　ढलना 쏟아지다　ढहना 무너지다　ढकना 덮다

ण

자음 व्यंजन

हिरण

आणविक

ण

1. 단어를 듣고 **ण**에 ○를 그리세요.

ण	गणना
दक्षिण	कृष्ण

※ **ण**은 단어 초성에 사용되지 않습니다.

हिरण 사슴　**आणविक** 원자의　**गणना** 계산　**दक्षिण** 남쪽(의)
कृष्ण 크리슈나(힌두교의 신)

연습문제

단어를 듣고 첫소리 자음에 ○를 그리세요.

ट ठ ड ढ

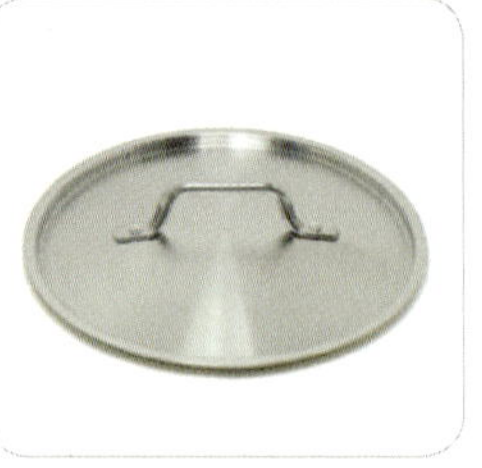
ट ठ ड ढ

ट ठ ड ढ

ट ठ ड ढ

ट ठ ड ढ

ट ठ ड ढ

ट ठ ड ढ

ट ठ ड ढ

ट ठ ड ढ

त

자음 व्यंजन

1. 소리 내어 따라 읽어보세요.

तरबूज़

तरंग

तरफ़

तथा

त

2. 단어를 듣고 त에 ○를 그리세요.

त	तलवा
तरह	तपस्

तरबूज़ 수박　तरंग 파도　तरफ़ 방향, 쪽　तथा 그리고　तलवा 발바닥

तरह 종류　तपस् 고행

थ

자음 व्यंजन

थकान

थन

1. 소리 내어 따라 읽어보세요.

थलसेना

थल

थ

2. 단어를 듣고 **थ**에 ○를 그리세요.

थ	थपकना
थकना	थमना

थकान 피로 **थन** (소, 염소 등의) 젖통 **थलसेना** 육군 **थल** 육지

थपकना 토닥거리다 **थकना** 지치다 **थमना** 그치다

द

자음 व्यंजन

दफ़्तर

दरवाज़ा

द

1. 소리 내어 따라 읽어보세요.

दही

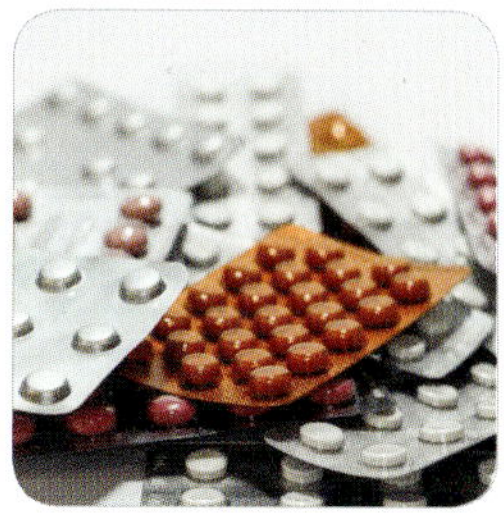

दवा

2. 단어를 듣고 द에 ○를 그리세요.

द	दया
दफ़ा	दल

दफ़्तर 사무실　दरवाज़ा 문　दही 다히(인도식 요거트)　दवा 약　दया 연민
दफ़ा 번, 회수　दल 집단; 당파

ध

자음 व्यंजन

1. 소리 내어 따라 읽어보세요.

धरती

धनिया

धनुष

धड़

ध

2. 단어를 듣고 ध에 ○를 그리세요.

ध	धन
धर्म	धड़कना

धरती 대지, 땅　　धनिया 고수풀　　धनुष 활　　धड़ 몸통, 몸체　　धन 부, 재물

धर्म 다르마; 종교　　धड़कना 맥박이 뛰다

न

자음 व्यंजन

नदी

नगर

न

1. 소리 내어 따라 읽어보세요.

नमक

नहाना

2. 단어를 듣고 क에 ○를 그리세요.

न	नक़ली
नज़र	नरक

नदी 강 नगर 도시 नमक 소금 नहाना 목욕하다 नक़ली 가짜의
नज़र 시선 नरक 지옥

연습문제

단어를 듣고 첫소리 자음에 ○를 그리세요.

त थ द ध न

त थ द ध न

त थ द ध न

त थ द ध न

त थ द ध न

त थ द ध न

त थ द ध न

त थ द ध न

त थ द ध न

प

자음 व्यंजन

पतंग

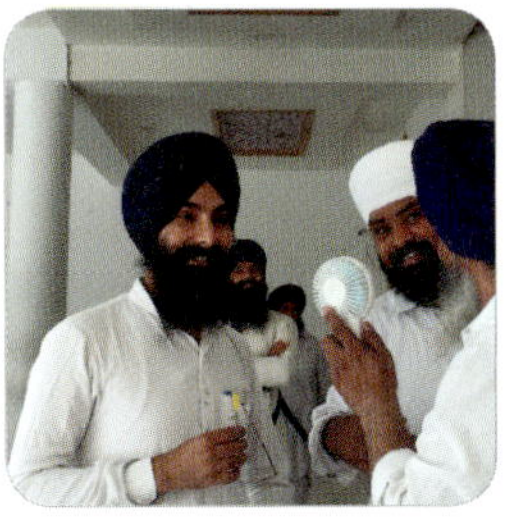

पगड़ी

1. 소리 내어 따라 읽어보세요.

पत्थर

परदा

प

2. 단어를 듣고 प에 ○를 그리세요.

प	पति
पत्नी	परिवार

पतंग 연　पगड़ी 터번　पत्थर 돌　परदा 커튼　पति 남편
पत्नी 아내　परिवार 가족

फ

फल

फटना

फ

1. 단어를 듣고 फ에 ○를 그리세요.

फ	फटकार
फलतः	फटेहाल

फल 과일 फटना 찢어지다 फटकार 힐책 फलतः 결과적으로 फटेहाल 빈곤한

ब

बस

बत्ती

ब

1. 소리 내어 따라 읽어보세요.

बच्चा

बकरा

2. 단어를 듣고 ब에 ○를 그리세요.

ब	बदलना
बनना	बड़ा

बस 버스 बत्ती 등(燈) बच्चा 남자아기, 어린이 बकरा 숫염소 बदलना 변하다
बनना 되다 बड़ा 큰

भ

자음 व्यंजन

1. 소리 내어 따라 읽어보세요.

भवन

भजन

भस्म

भगवान

भ

2. 단어를 듣고 भ에 ○를 그리세요.

भ	भरना
भला	भविष्य

भवन 저택　भजन 찬송　भस्म 재　भगवान 신(神)　भरना 차다
भला 좋은　भविष्य 미래

म

1. 소리 내어 따라 읽어보세요.

मक्का

मछली

मसाला

मटर

म

2. 단어를 듣고 **म**에 ○를 그리세요.

म	मरना
मन	महीना

मक्का 옥수수　**मछली** 물고기　**मसाला** 향신료　**मटर** 완두콩　**मरना** 죽다

मन 마음　**महीना** 달, 월(月)

연습문제

단어를 듣고 첫소리 자음에 ○를 그리세요.

प फ ब भ म

प फ ब भ म

प फ ब भ म

प फ ब भ म

प फ ब भ म

प फ ब भ म

प फ ब भ म

प फ ब भ म

प फ ब भ म

य

자음 व्यंजन

1. 소리 내어 따라 읽어보세요.

यज्ञ

यमुना

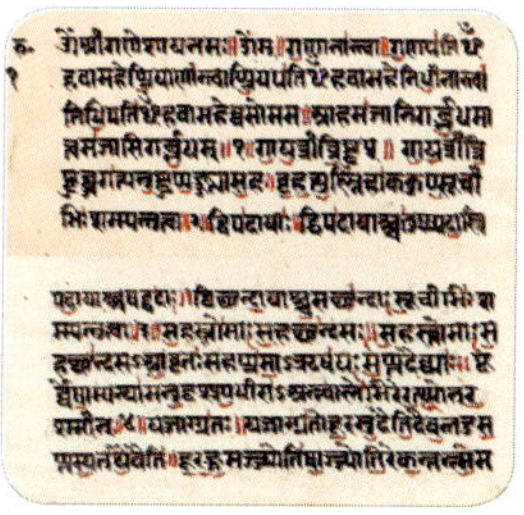

यजुर्वेद

यमराज

य

2. 단어를 듣고 य에 ○를 그리세요.

य	यह
यहाँ	यदि

यज्ञ 제의 यमुना 야무나강 यजुर्वेद 야주르베다 यमराज 야마(힌두교의 신); 염라대왕

यह 이; 이것 यहाँ 이곳에 यदि 만약

र

자음 व्यंजन

रस्सी

रज़ाई

1. 소리 내어 따라 읽어보세요.

रसगुल्ला

रसीद

र

2. 단어를 듣고 र에 ○를 그리세요.

र	रहना
रक्षा	रखना

रस्सी 밧줄 रज़ाई 이불 रसगुल्ला 라스 굴라(인도 당과) रसीद 영수증
रहना 살다 रक्षा 보호 रखना 두다

ल

자음 व्यंजन

लस्सी

लड्डू

ल

1. 소리 내어 따라 읽어보세요.

लड़की

लकड़ी

2. 단어를 듣고 ल에 ○를 그리세요.

ल	लगना
लड़ना	लड़का

लस्सी 라씨(나히에 물과 향신료를 넣어 섞은 음료) लड्डू 랏두(노란색의 둥근 당과)

लड़की 여자아이 लकड़ी 목재 लगना 붙다 लड़ना 싸우다 लड़का 남자아이

व

자음 व्यंजन

1. 소리 내어 따라 읽어보세요.

वन

वर्षा

वर-वधू

वज़न

व

2. 단어를 듣고 व에 ○를 그리세요.

व	वह
वहाँ	वक़्त

वन 숲 **वर्षा** 비 **वर-वधू** 신랑 · 신부 **वज़न** 무게 **वह** 그; 그것 **वहाँ** 그곳에 **वक़्त** 시간

श

자음 व्यंजन

शराब

शकरकंद

1. 소리 내어 따라 읽어보세요.

शरबत

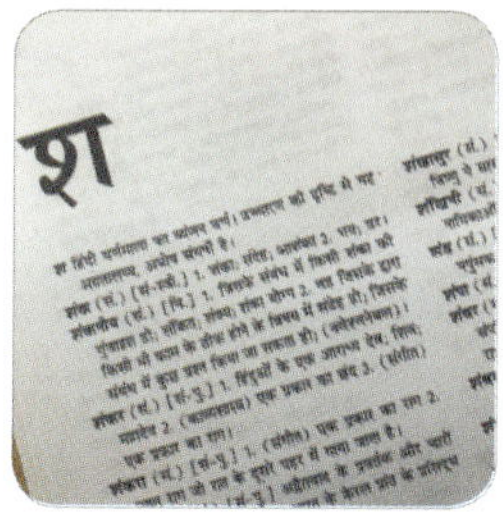

शब्दकोश

श

2. 단어를 듣고 श에 ○를 그리세요.

श	शरीर
शहर	शक्ति

शराब 술　　शकरकंद 고구마　　शरबत 시럽　　शब्दकोश 사전　　शरीर 몸

शहर 도시　　शक्ति 힘

ष

자음 व्यंजन

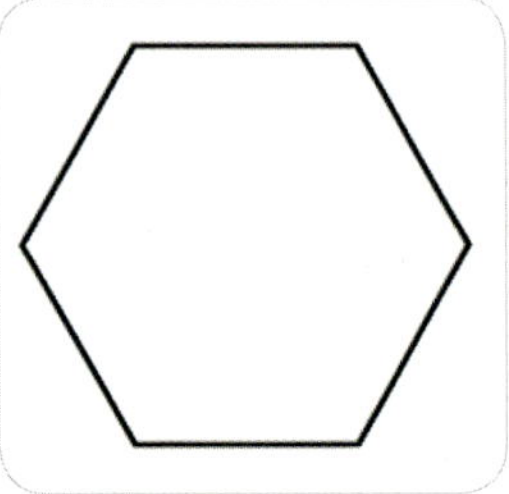

षट्कोण

ष

1. 단어를 듣고 ष에 ○를 그리세요.

ष	षट्
षड्यंत्र	षड्दर्शन

षट्कोण 육각형 **षट्** 숫자 6(접두어) **षड्यंत्र** 모략 **षड्दर्शन** 육파철학

स

1. 소리 내어 따라 읽어보세요.

सड़क

सब्ज़ी

सफ़ाई

समुद्र

स

2. 단어를 듣고 स에 ○를 그리세요.

स	समझना
सकना	सब

सड़क 길, 도로 सब्ज़ी 채소 सफ़ाई 청결; 청소 समुद्र 바다 समझना 이해하다
सकना ~할 수 있다 सब 모두

ह

자음 व्यंजन

हज़ार

हवाई अड्डा

1. 소리 내어 따라 읽어보세요.

हल्दी

हरा

ह

2. 단어를 듣고 ह에 ○를 그리세요.

ह	हम
होना	हफ़्ता

हज़ार 숫자 1,000 हवाई अड्डा 공항 हल्दी 강황 हरा 초록 हम 우리
होना ~이다 हफ़्ता 일주일

ड़

1. 소리 내어 따라 읽어보세요.

लड़की

खिड़की

पेड़

पहाड़

ड़

2. 단어를 듣고 ड़에 ○를 그리세요.

ड़	पड़ना
उड़ना	छोड़ना

※ ड़은 단어 초성에 사용되지 않습니다.

लड़की 여자아이 खिड़की 창문 पेड़ 나무 पहाड़ 산 पड़ना 떨어지다
उड़ना 날다 छोड़ना 버리다

ढ़

자음 व्यंजन

1. 소리 내어 따라 읽어보세요.

1.5

डेढ़

बाढ़

पढ़ना

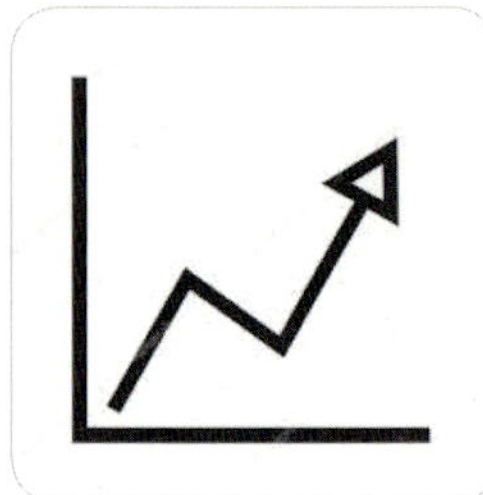

बढ़ना

ढ़

2. 단어를 듣고 ढ़에 ○를 그리세요.

ढ़	चढ़ना
ढूँढ़ना	अनपढ़

※ ढ़은 단어 초성에 사용되지 않습니다.

डेढ़ 1.5 बाढ़ 홍수 पढ़ना 읽다 बढ़ना 늘다 चढ़ना 오르다 ढूँढ़ना 찾다
अनपढ़ 무식한

연습문제

1. 힌디어 단어를 듣고 알맞은 자음을 써서 완성하세요.

छतरी

...ज्ञ

...जूर

...बूतर

...ब्ज़ी

...ना

...प्पल

...ड्डू

...माटर

...कठकाना

연습문제

...क्कन

...छली

...लेबी

...ब्बा

...रंग

...तंग

...रवाज़ा

...रती

...रबूज़

...स

연습문제

...क्का

...मुना

...पड़े

...स्सी

...निया

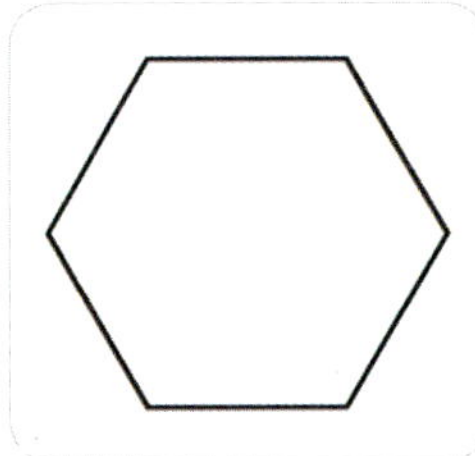

...ट्कोण

...ज़ाई

...दी

...णेश

...सगुल्ला

연습문제

...लान

...र्षा

...रबत

2. 모양에 유의하며 주어진 힌디어 글자를 써보세요.

घ ध

थ य

म भ

प म य

ज ञ

व ब

प ष

ड ड़ ङ

ढ ढ़

द ट ढ

ख य र

इ झ

इ ह

व क

प फ

त न

य श

3. 힌디어 단어를 써보세요.

अब

आज

कब

कम

कल

जब

डर

अब 시금 आज 오늘 कब 언제 कम 적은 कल 어제; 내일 डर 두려운

तट

दल

नल

पर

फल

बल

बस

मन

तट 기슭, 물가　　दल 단체; 무리　　नल 수도관　　पर ~ 위에(처소격 후치사)　　फल 과일

बल 힘　　बस 버스　　मन 마음

यह

वन

वह

सच

सब

हर

अलग

इधर

यह 이; 이것　वन 숲　वह 그; 그것　सच 사실　सब 모두　हर 매(每), 각(各)

अलग 분리된; 다른; 별개의　इधर 이쪽으로

उधर

कमल

गगन

जगत

जगह

नगर

नमक

बहन

उधर 저쪽으로　कमल 연꽃　गगन 하늘　जगत 세상　जगह 장소

नगर 도시　नमक 소금　बहन 여자 형제

भवन

मगर

मटर

महल

लहर

शहर

सड़क

अदरक

भवन 지택　　मगर 악어　　मटर 완두콩　　महल 궁전　　लहर 물결　　शहर 도시
सड़क 길　　अदरक 생강

मेमो

पाठ 03

모음 축약형

학습목표

- 힌디어 자음과 모음을 결합시킬 수 있다.
- 힌디어 음절을 이해한다.

माला

1. 힌디어 모음이 자음과 결합할 때 어떻게 변하는지 알고 있나요?
2. 힌디어 음절을 구분할 수 있나요?

모음 축약형

힌디어는 한글처럼 음절 단위로 표기됩니다.
자음과 모음이 결합하여 음절을 이룰 때 모음은 아래와 같은 축약형으로 표기됩니다.

◌ (अ) 아/어	◌ा (आ) 아-
ि◌ (इ) 이	◌ी (ई) 이-
◌ु (उ) 우	◌ू (ऊ) 우-
◌ृ (ऋ) 르/리	
◌े (ए) 에	◌ै (ऐ) 애
◌ो (ओ) 오	◌ौ (औ) 어오/오-

첫 번째 모음 **अ**(아/어)는 별도의 기호가 없습니다.

모음 축약형들이 아래와 같이 자음과 결합되어 힌디어 음절을 이룹니다.

क् + अ (◌) = क 까/꺼

क् + आ (◌ा) = का 까-

क् + इ (ि◌) = कि 끼

क् + ई (◌ी) = की 끼-

क् + उ (◌ु) = कु 꾸

क् + ऊ (◌ू) = कू 꾸-

क् + ऋ (◌ृ) = कृ 끄르/끄리

क् + ए (◌े) = के 께

क् + ऐ (◌ै) = कै 깨

क् + ओ (◌ो) = को 꼬

क् + औ (◌ौ) = कौ 꺼오

र्(ㄹ)와 उ(우)/ऊ(우-)가 결합될 때 예외적으로 변형된 형태가 나타납니다.

र् + उ (◌ु) = रु 루

र् + ऊ (◌ू) = रू 루-

◌

पपीता

प = प् + अ

भा**र**त

र = र् + अ

힌디어 자음과 모음을 결합하여 써보세요.

क् + आ = का　　ख् + आ =　　ग् + आ =　　घ् + आ =

च् + आ =　　छ् + आ =　　ज् + आ =　　झ् + आ =

ट् + आ =　　ठ् + आ =　　ड् + आ =　　ढ् + आ =

ण् + आ =　　त् + आ =　　थ् + आ =　　द् + आ =

ध् + आ =　　प् + आ =　　फ् + आ =　　ब् + आ =

भ् + आ =　　म् + आ =　　य् + आ =　　र् + आ =

ल् + आ =　　व् + आ =　　श् + आ =　　ष् + आ =

स् + आ =　　ह् + आ =　　ड़् + आ =　　ढ़् + आ =

पपीता 파파야　　भारत 인도

◌ा

गाय
गा = ग् + आ

सितार
ता = त् + आ

힌디어 자음과 모음을 결합하여 써보세요.

क् + आ = का　　ख् + आ =　　ग् + आ =　　घ् + आ =

च् + आ =　　छ् + आ =　　ज् + आ =　　झ् + आ =

ट् + आ =　　ठ् + आ =　　ड् + आ =　　ढ् + आ =

ण् + आ =　　त् + आ =　　थ् + आ =　　द् + आ =

ध् + आ =　　प् + आ =　　फ् + आ =　　ब् + आ =

भ् + आ =　　म् + आ =　　य् + आ =　　र् + आ =

ल् + आ =　　व् + आ =　　श् + आ =　　ष् + आ =

स् + आ =　　ह् + आ =　　ड़् + आ =　　ढ़् + आ =

गाय 암소　　सितार 씨따르(인도 전통 현악기)

ि

हिमालय
हि = ह् + इ

साइकिल
कि = क् + इ

힌디어 자음과 모음을 결합하여 써보세요.

क् + इ = कि	ख् + इ =	ग् + इ =	घ् + इ =
च् + इ =	छ् + इ =	ज् + इ =	झ् + इ =
ट् + इ =	ठ् + इ =	ड् + इ =	ढ् + इ =
ण् + इ =	त् + इ =	थ् + इ =	द् + इ =
ध् + इ =	प् + इ =	फ् + इ =	ब् + इ =
भ् + इ =	म् + इ =	य् + इ =	र् + इ =
ल् + इ =	व् + इ =	श् + इ =	ष् + इ =
स् + इ =	ह् + इ =	ड़् + इ =	ढ़् + इ =

हिमालय 히말라야 साइकिल 자전거

ी

पीला

पी = प् + ई

पानी

नी = न् + ई

힌디어 자음과 모음을 결합하여 써보세요.

क् + ई = की	ख् + ई =	ग् + ई =	घ् + ई =
च् + ई =	छ् + ई =	ज् + ई =	झ् + ई =
ट् + ई =	ठ् + ई =	ड् + ई =	ढ् + ई =
ण् + ई =	त् + ई =	थ् + ई =	द् + ई =
ध् + ई =	प् + ई =	फ् + ई =	ब् + ई =
भ् + ई =	म् + ई =	य् + ई =	र् + ई =
ल् + ई =	व् + ई =	श् + ई =	ष् + ई =
स् + ई =	ह् + ई =	ड़् + ई =	ढ़् + ई =

पीला 노란색 पानी 물

ु

पुस्तक
पु = प् + उ

लहसुन
सु = स् + उ

रुपया
रु = र् + उ

힌디어 자음과 모음을 결합하여 써보세요.

क् + उ = कु	ख् + उ =	ग् + उ =	घ् + उ =
च् + उ =	छ् + उ =	ज् + उ =	झ् + उ =
ट् + उ =	ठ् + उ =	ड् + उ =	ढ् + उ =
ण् + उ =	त् + उ =	थ् + उ =	द् + उ =
ध् + उ =	प् + उ =	फ् + उ =	ब् + उ =
भ् + उ =	म् + उ =	य् + उ =	र् + उ =
ल् + उ =	व् + उ =	श् + उ =	ष् + उ =
स् + उ =	ह् + उ =	ड़् + उ =	ढ़् + उ =

पुस्तक 책 लहसुन 마늘 रुपया 루삐(인도 통화 단위)

ू

दुध

दु = द् + ऊ

भालू

लू = ल् + ऊ

रूमाल

रू = र् + ऊ

힌디어 자음과 모음을 결합하여 써보세요.

क् + ऊ = कू	ख् + ऊ =	ग् + ऊ =	घ् + ऊ =
च् + ऊ =	छ् + ऊ =	ज् + ऊ =	झ् + ऊ =
ट् + ऊ =	ठ् + ऊ =	ड् + ऊ =	ढ् + ऊ =
ण् + ऊ =	त् + ऊ =	थ् + ऊ =	द् + ऊ =
ध् + ऊ =	प् + ऊ =	फ् + ऊ =	ब् + ऊ =
भ् + ऊ =	म् + ऊ =	य् + ऊ =	र् + ऊ =
ल् + ऊ =	व् + ऊ =	श् + ऊ =	ष् + ऊ =
स् + ऊ =	ह् + ऊ =	ड़् + ऊ =	ढ़् + ऊ =

दुध 우유 भालू 곰 रूमाल 손수건

ृ

प्रकृति

कृ = क् + ऋ

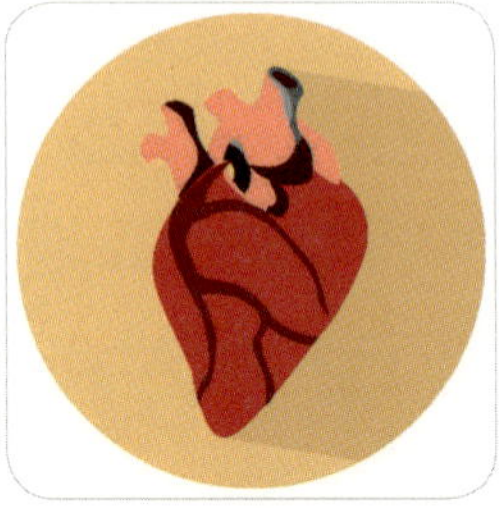

हृदय

हृ = ह् + ऋ

힌디어 자음과 모음을 결합하여 써보세요.

क् + ऋ = कृ	ख् + ऋ =	ग् + ऋ =	घ् + ऋ =
च् + ऋ =	छ् + ऋ =	ज् + ऋ =	झ् + ऋ =
ट् + ऋ =	ठ् + ऋ =	ड् + ऋ =	ढ् + ऋ =
ण् + ऋ =	त् + ऋ =	थ् + ऋ =	द् + ऋ =
ध् + ऋ =	प् + ऋ =	फ् + ऋ =	ब् + ऋ =
भ् + ऋ =	म् + ऋ =	य् + ऋ =	र् + ऋ =
ल् + ऋ =	व् + ऋ =	श् + ऋ =	ष् + ऋ =
स् + ऋ =	ह् + ऋ =	ड़् + ऋ =	ढ़् + ऋ =

प्रकृति 자연　　**हृदय** 마음; 심장

शेर

शे = श् + ए

जलेबी

ले = ल् + ए

힌디어 자음과 모음을 결합하여 써보세요.

क् + ए = के	ख् + ए =	ग् + ए =	घ् + ए =
च् + ए =	छ् + ए =	ज् + ए =	झ् + ए =
ट् + ए =	ठ् + ए =	ड् + ए =	ढ् + ए =
ण् + ए =	त् + ए =	थ् + ए =	द् + ए =
ध् + ए =	प् + ए =	फ् + ए =	ब् + ए =
भ् + ए =	म् + ए =	य् + ए =	र् + ए =
ल् + ए =	व् + ए =	श् + ए =	ष् + ए =
स् + ए =	ह् + ए =	ड़् + ए =	ढ़् + ए =

शेर 사자　　**जलेबी** 잘레비(회오리 모양의 미타이)

◌ै

पैसे

पै = प् + ऐ

मटमैला

मै = म् + ऐ

힌디어 자음과 모음을 결합하여 써보세요.

क् + ऐ = कै　　ख् + ऐ =　　ग् + ऐ =　　घ् + ऐ =

च् + ऐ =　　छ् + ऐ =　　ज् + ऐ =　　झ् + ऐ =

ट् + ऐ =　　ठ् + ऐ =　　ड् + ऐ =　　ढ् + ऐ =

ण् + ऐ =　　त् + ऐ =　　थ् + ऐ =　　द् + ऐ =

ध् + ऐ =　　प् + ऐ =　　फ् + ऐ =　　ब् + ऐ =

भ् + ऐ =　　म् + ऐ =　　य् + ऐ =　　र् + ऐ =

ल् + ऐ =　　व् + ऐ =　　श् + ऐ =　　ष् + ऐ =

स् + ऐ =　　ह् + ऐ =　　ड़् + ऐ =　　ढ़् + ऐ =

पैसे 돈　　**मटमैला** 흙색의

ो

मोर

मो = म् + ओ

बंदगोभी

गो = ग् + ओ

힌디어 자음과 모음을 결합하여 써보세요.

क् + ओ = को　　ख् + ओ =　　ग् + ओ =　　घ् + ओ =

च् + ओ =　　छ् + ओ =　　ज् + ओ =　　झ् + ओ =

ट् + ओ =　　ठ् + ओ =　　ड् + ओ =　　ढ् + ओ =

ण् + ओ =　　त् + ओ =　　थ् + ओ =　　द् + ओ =

ध् + ओ =　　प् + ओ =　　फ् + ओ =　　ब् + ओ =

भ् + ओ =　　ग् + ओ =　　य् + ओ =　　र् + ओ =

ल् + ओ =　　व् + ओ =　　श् + ओ =　　ष् + ओ =

स् + ओ =　　ह् + ओ =　　ड़् + ओ =　　ढ़् + ओ =

मोर 공작　　बंदगोभी 양배추

모음 축약형 मात्रा

ौ

पौधा

पौ= प् + औ

खिलौना

लौ = ल् + औ

힌디어 자음과 모음을 결합하여 써보세요.

क् + औ = कौ	ख् + औ =	ग् + औ =	घ् + औ =
च् + औ =	छ् + औ =	ज् + औ =	झ् + औ =
ट् + औ =	ठ् + औ =	ड् + औ =	ढ् + औ =
ण् + औ =	त् + औ =	थ् + औ =	द् + औ =
ध् + औ =	प् + औ =	फ् + औ =	ब् + औ =
भ् + औ =	म् + औ =	य् + औ =	र् + औ =
ल् + औ =	व् + औ =	श् + औ =	ष् + औ =
स् + औ =	ह् + औ =	ड़् + औ =	ढ़् + औ =

पौधा 묘목 **खिलौना** 장난감

연습문제

1. 주어진 힌디어 단어를 자음과 모음으로 분리해서 써보세요.

थाली 탈리(쟁반에 담겨 나오는 식사); 쟁반

थ् + आ + ल् + ई

अचार 아짜르(인도식 피클)

मिठाई 미타이(인도 당과)

पूड़ी 뿌리(기름에 튀긴 동글납작한 통밀빵)

चाय 짜이(인도식 밀크티)

चपाती 짜빠띠(둥글납작한 가정식 통밀빵)

हाथी 코끼리

बाघ 호랑이

शेर 사자

गधा 당나귀

घोड़ा 말

लोमड़ी 여우

गिलहरी 다람쥐

गाय 암소

ख़रगोश 토끼

सूअर 돼지

बकरा 숫염소

हिरण 사슴

भेड़िया 늑대

भालू 곰

खीरा 오이

आलू 감자

पालक 시금치

मूली 무

गाजर 당근

फूलगोभी 꽃양배추

बंदगोभी 양배추

अमरूद 구아바

तरबूज़ 수박

नारियल 코코넛

केला 바나나

सेब 사과

नाशपाती 배

ख़रबूज़ा 멜론

भारत 인도

कोरिया 한국

2. 힌디어 단어를 듣고 알맞은 자·모음 결합을 써서 완성하세요.

दरवाज़ा

ज ____ ज़

मछ ____

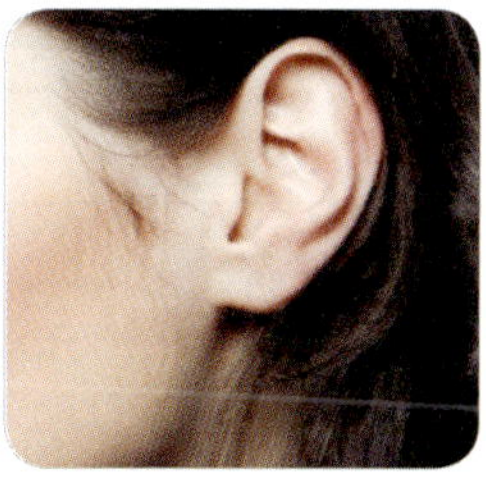

____ न

आ ____

____ तार

क ____ तर

खिड़ ____

ख ____ र

अख़ ____ र

मि ई

घ

प्पल

अख ट

प ता

इम

ऐ रा

पया

प्र ति

हि लय

द

ज़

क्सी

रसी

ट्रो

ल

क्शा

स द्र

स्तक

प ड़

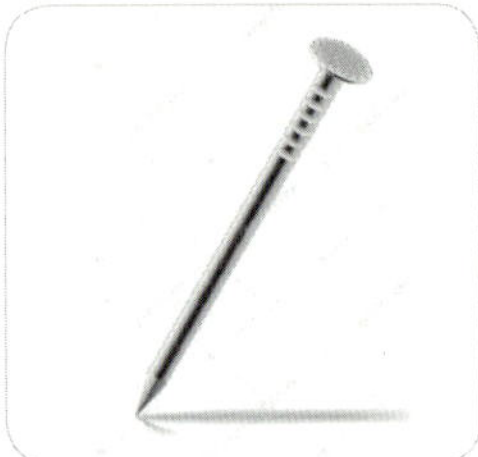

ल

अव र

फूल भी

पाठ 04

복자음

학습목표

- 힌디어 자음과 자음을 결합시킬 수 있다.
- 새로운 형태로 변하는 복자음을 익힌다.

संयुक्त व्यंजन

1. 자음과 자음을 결합하는 규칙을 알고 있나요?
2. 복자음을 자음과 자음으로 풀어 쓸 수 있나요?
3. 우리말 겹받침과 힌디어 복자음의 차이를 설명할 수 있나요?

복자음

힌디어 자음과 자음이 결합하는 몇 가지 방법이 있습니다.

힌디어 자음에 수직선이 있는 경우 수직선을 지워줍니다.

च् + छ = च्छ　　अच्छा 좋은　　प् + य = प्य　　प्यार 사랑

ध् + य = ध्य　　अध्यापक 선생님　　ल् + ल = ल्ल　　दिल्ली 델리

न् + य = न्य　　धन्यवाद 고맙습니다(감사의 말)　　स् + त = स्त　　दोस्त 친구

क와 फ처럼 수직선이 가운데 있는 자음은 수직선의 오른쪽을 짧게 남겨줍니다.

क् + क = क्क　　पक्का 익은　　फ़् + त = फ़्त　　हफ़्ता 일주일

자음에 수직선이 없는 경우 글자 밑에 ् (हल्)을 첨가합니다.

ट् + ठ = ट्ठ　　चिट्ठी 편지　　द् + य = द्‌य　　विद्‌यालय 학교

ड् + ड = ड्ड　　हवाई अड्डा 공항

뒤에 오는 자음을 앞에 오는 자음 밑에 연결하여 쓰기도 합니다.

क् + क = क्क/ क्‍क　　पक्का 익은　　द् + व = द्व/ द्‌व　　द्वारा 문; ~에 의해

ट् + ठ = ट्ठ/ ट्‌ठ　　चिट्ठी 편지　　न् + न = न्न/ न्‍न　　अनन्नास 파인애플

ड् + ड = ड्ड/ ड्‌ड　　हवाई अड्डा 공항　　म् + न = म्न/ म्‍न　　निम्न 밑의, 아래의

द् + य = द्य/ द्‌य　　विद्यालय 학교

र가 다른 자음과 결합하는 경우 뒤따르는 자음의 머릿줄 위에 ◌를 써줍니다.

र् + य = र्य	कार्य 일	र् + म = र्म	कर्मचारी 회사원; 직원

다른 자음 뒤에 모음 대신 र가 오는 경우 앞의 자음 아래 ◌ 혹은 ◌를 써줍니다.

क् + र = क्र	चक्र 바퀴; 원; 회전	द् + र = द्र	समुद्र 바다
प् + र = प्र	प्रश्न 질문	ट् + र = ट्र	ट्रक 트럭

श가 다른 자음과 결합하여 श्र로 변하기도 합니다.

श् + च = श्च/ श्च	निश्चय 결정	श् + व = श्व/ श्व	विश्वास 믿음
श् + न = श्न/ श्न	प्रश्न 질문	श् + र = श्र	श्री ~ 씨, 님

ह가 다른 자음과 결합할 경우 뒤에 오는 자음을 밑에 쓰거나, 뒤에 오는 자음의 왼쪽 부분을 반쯤 지운 뒤 연결하기도 합니다.

ह् + व = ह्व/ ह्‌व	जिह्वा 혀; 말	ह् + य = ह्य/ ह्‌य	बाह्य 밖의
ह् + म = ह्म/ ह्‌म	ब्राह्मण 브라만(사제 계급)		

त가 앞에 오는 자음 위에 짧은 선으로 붙기도 합니다.

क् + त = क्त/ क्‌त	शक्ति 힘, 능력	त् + त = त्त	कुत्ता 개

두 자음이 만나 완전히 새로운 형태로 변하는 경우도 있습니다.

क् + ष = क्ष	दक्षिण 남쪽(의)	त् + र = त्र	चित्र 그림; 사진
ज् + ञ = ज्ञ	विज्ञान 과학		

복자음 संयुक्त व्यंजन

क्ष

ज्ञ

पक्षी
क्षी=क्+ष्+ई

परीक्षा
क्षा=क्+ष्+आ

वैज्ञानिक
ज्ञा=ज्+ञ्+आ

यज्ञ
ज्ञ=ज्+ञ्+अ

क्ष

ज्ञ

पक्षी 새 परीक्षा 시험 वैज्ञानिक 과학자 यज्ञ 제사 의식

복자음 संयुक्त व्यंजन

त्र

श्र

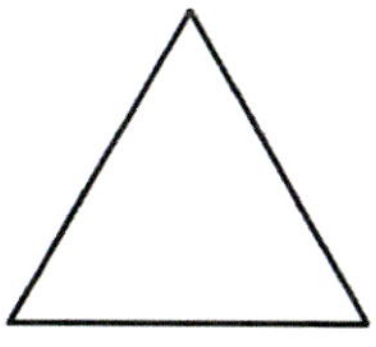

त्रिकोण
त्रि=त्+र्+इ

यात्रा
त्रा=त्+र्+आ

श्रम
श्र=श्+र्+अ

श्रीलंका
श्री=श्+र्+ई

त्र

श्र

त्रिकोण 삼각형 यात्रा 여행 श्रम 노고 श्रीलंका 스리랑카

연습문제

1. 주어진 힌디어 자음을 합쳐서 써보세요.

1) क् + क =

2) क् + य =

3) क् + र =

4) क् + श =

5) क् + ष =

6) क् + स =

7) ग् + य =

8) ग् + र =

9) घ् + न =

10) च् + छ =

11) ज् + ञ =

12) ज् + य =

13) ट् + ट =

14) ट् + र =

15) ड् + ड =

16) ड् + र =

17) त् + त् + व =

18) त् + य =

19) त् + य =

20) द् + ध =

21) द् + य =

22) द् + र =

23) न् + न =

24) न् + म =

25) प् + त =

26) प् + य =

27) प् + र =

28) ब् + ज़ =

29) ब् + द =

30) भ् + य =

31) म् + म =

32) म् + र =

33) र् + ग =

34) र् + द =

35) र् + य =

36) र् + व =

37) ल् + द =

38) ल् + म =

39) व् + य =

40) श् + च =

41) श् + र =

42) श् + व =

43) ष् + ट् + र =

44) ष् + ण =

45) स् + क =

46) स् + त =

47) स् + त + र =

48) स् + व =

49) स् + स =

50) ह् + न =

2. 힌디어 단어를 듣고 소리 내어 읽어보세요.

1) **ढक्न/ ढक्कन** 뚜껑; 덮개

2) **क्या** 무엇; 무슨

3) **शुक्रवार** 금요일

4) **रिक्शा** 릭샤

5) **शिक्षक** 선생님

6) **टैक्सी** 택시

7) **ग्यारह** 숫자 11

8) **ग्राम** 마을

9) **विघ्न/ विघ्न** 장애; 어려움

10) **स्वच्छ** 깨끗한

11) **ज्ञान** 지식; 지혜

12) **ज्योति** 빛

13) **दुपट्टा / दुपट्टा** 두빳따(숄)

14) **ट्रेन** 기차

15) **कबड्डी / कबड्डी** 카바디(운동경기)

16) **ड्राइवर** 운전기사

17) **महत्त्व** 중요

18) **त्योहार** 축제

19) **क्षत्रिय** 끄샤뜨리야

20) **प्रसिद्ध** 유명한

21) **विद्यार्थी / विद्यार्थी** 학생

22) **शूद्र** 슈드라

23) **प्रसन्न/ प्रसन्न** 기쁜; 만족한

24) **जन्मदिन** 생일

25) **प्राप्त** 얻은, 획득한

26) **प्याज़** 양파

27) प्रतिदिन 매일

28) सब्ज़ी 채소

29) शब्द 단어

30) अभ्यास 연습

31) मरम्मत 수리

32) उम्र 나이

33) मार्ग 길

34) दर्द 통증

35) कार्य 일; 업무

36) पूर्व 동쪽(의)

37) जल्दी 빨리

38) फ़िल्म 영화

39) व्यापार 상업

40) पश्चिम/ पश्चिम 서쪽(의)

41) श्रीमती 여사, Mrs.

42) विश्व/ विश्व 세계; 우주

43) राष्ट्र 국가

44) कृष्ण 끄리슈나(힌두교의 신)

45) बिस्कुट 비스킷

46) पुस्तक 책

47) अस्त्र 무기

48) स्वभाव 자연

49) लस्सी 라씨

50) चिह्न / चिह्न 표지

मेमो

पाठ 05

비모음과 비자음

학습목표

- 비모음을 명확하게 발음할 수 있다.
- 다섯 가지 비자음의 발음을 구별할 수 있다.
- 비자음 표기법을 이해한다.

अनुनासिक और अनुस्वार

1. 비모음 기호와 비자음 기호를 알고 있나요?
2. 비자음이 ं로 표기되는 경우를 설명할 수 있나요?

비모음과 비자음

힌디어 비음은 비모음과 비자음으로 구분됩니다.

1. 비모음

ऋ를 제외한 힌디어 모음에 초생달점(**चंद्रबिंदु**, ँ)를 붙여 비모음(**अनुनासिक**)을 만들 수 있습니다.

क् + अँ = कँ 까ㅇ(kã)

초생달점은 점(**बिंदु**, ं)으로 표기되기도 합니다. 특히 데브나그리의 머릿줄 위에 모음이나 자음 부호가 나타나는 경우 아래와 같이 점만 쓰는 것이 일반적입니다

क् + इँ = किं 끼ㅇ

क् + ईं = कीं 끼-ㅇ

क् + एँ = कें 께ㅇ

क् + ऐं = कैं 깨ㅇ

क् + ओं = कों 꼬ㅇ

क् + औं = कौं 꺼오ㅇ

2. 비자음

힌디어 자음에는 다섯 개의 비자음(**अनुस्वार**) **ङ्, ञ्, ण्, न्, म्**이 있습니다. 비자음은 다른 자음과 결합하는 경우 선행하는 음절의 머릿줄 위에 빈두(ं)로 표기합니다.

ङ् + ख = ंख **पङ्खा → पंखा** 선풍기

ञ् + च = ंच **काञ्च → कांच** 유리

ण् + ड = ंड **अण्डा → अंडा** 알

न् + द = ंद **चन्द्र → चंद्र** 달

म् + ब = ंब **कम्बल → कंबल** 담요

비자음이 연속적으로 사용되거나, 비자음 뒤에 **य**, **र**, **ल**, **व**, **ह**가 오는 경우 등에는 빈두로 표기되지 않습니다.

ङ् + म = ङ्म/ ङ्म **वाङ्मय** 문학

न् + न = न्न/ न्न **अनन्नास** 파인애플

न् + य = न्य **अन्य** 다른

म् + न = म्न/ म्न **निम्न** 밑의, 아래의

म् + ह = म्ह **तुम्हारा** 너의; 너희의

◌ँ

비모음 अनुनासिक

अँगूठी

आँख

चाँद

मूँगफली

फेंकना

काँटा

अँगूठी 반지　　आँख 눈　　चाँद 달　　मूँगफली 땅콩　　फेंकना 던지다
काँटा 가시, 포크

◌ं

संगमरमर
सं=स्+अ+ङ्

पंखा
पं=प्+अ+ङ्

अंजीर
अं=अ+ञ्

संचार
सं=स्+अ+ञ्

संगमरमर 대리석 पंखा 선풍기 अंजीर 무화과 संचार 통신

ठंडा
ठं=ठ्+अ+ण्

झंडा
झं=झ्+अ+ण्

बंदर
बं=ब्+अ+न्

धुंध
धुं=ध्+उ+न्

कंबल
कं=क्+अ+म्

मुंबई
मुं=म्+उ+म्

ठंडा 차가운　झंडा 기, 깃발　बंदर 원숭이　धुंध 스모그　कंबल 담요
मुंबई 뭄바이

연습문제

1. 비모음에 유의하며 듣고 소리 내어 따라 읽으세요.

पाँच

गाँधी

अँधेरा

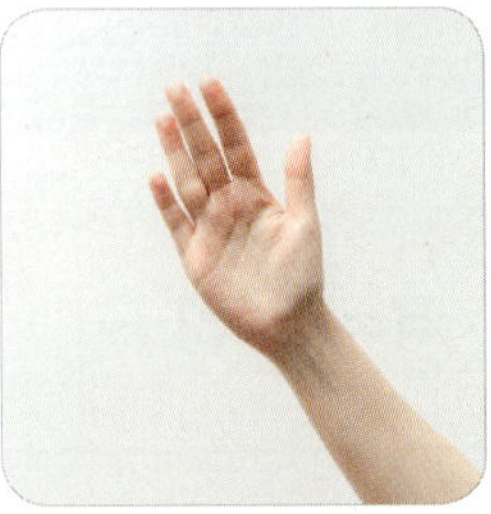

उँगली

ऊँट

हँसना

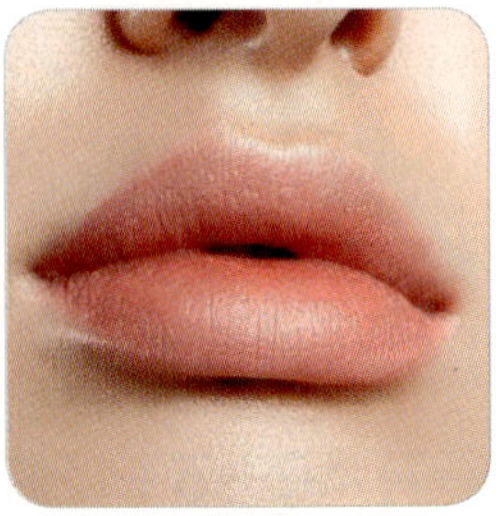

होंठ

गेहूँ

मेंढक

पाँच 숫자5　**गाँधी** 간디　**अँधेरा** 어둠; 어두운　**उँगली** 손가락
ऊँट 낙타　**हँसना** 웃다　**होंठ** 입술　**गेहूँ** 밀　**मेंढक** 개구리

2. 단어를 듣고 빈두가 가리키는 비자음에 ○를 그리세요.

ङ ञ ण न म

पलंग

ङ ञ ण न म

तंदूरी चिकन

ङ ञ ण न म

इंद्रधनुष

ङ ञ ण न म

अंडा

ङ ञ ण न म

बैंगन

ङ ञ ण न म

इंजन

पलंग 침대　तंदूरी चिकन 딴두리 치킨　इंद्रधनुष 무지개
अंडा 알　बैंगन 가지　इंजन 엔신

ङ ञ ण न म

संतरा

ङ ञ ण न म

गंभीर

ङ ञ ण न म

मंदिर

ङ ञ ण न म

पतंग

ङ ञ ण न म

व्यंजन

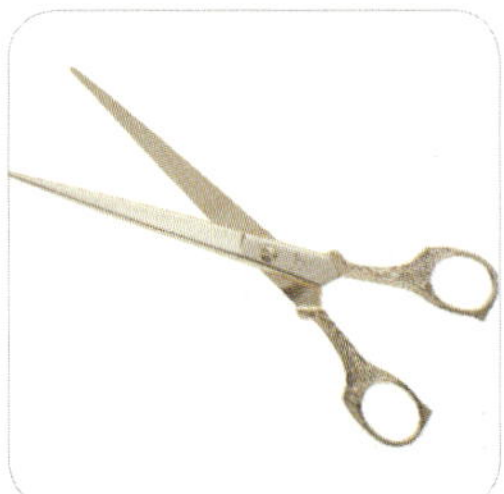

ङ ञ ण न म

क़ैंची

संतरा 오렌지   गंभीर 심각한; 깊은   मंदिर 사원   पतंग 연

व्यंजन 자음   क़ैंची 가위

ङ ञ ण न म

भिंडी

ङ ञ ण न म

शकरकंद

ङ ञ ण न म

अंगूर

भिंडी 오크라   शकरकंद 고구마   अंगूर 포도

मेमो

पाठ 06

발음

학습목표

- 힌디어 발음규칙을 이해한다.
- 외래어를 명확하게 발음할 수 있다.

उच्चारण

1. 단모음 **अ**가 발음되지 않는 경우를 알고 있나요?
2. 단어 끝소리에 오는 반모음은 어떻게 발음할까요?
3. **क**와 **क़**를 구별할 수 있나요?
4. **ऑ, अ, ओ**의 차이를 알고 있나요?

발음

1. 장 · 단모음의 구별

힌디어에서는 장 · 단모음의 구별이 매우 중요합니다. 모음의 길이에 따라 단어의 뜻이 달라지기 때문에 유의해야 합니다.

कम 적은
(깜/껌)

काम 일
(깜-)

그러나 장 · 단모음이 표기된 대로 발음되지 않는 경우도 있습니다.
장모음이 단어 끝에 오는 경우 상대적으로 짧게 발음됩니다.

दरवाज़ा 문
(다르와-자- → 다르와-자)

अच्छा 좋은
(앗차- → 앗차)

이 외에도 문장에서 강조하거나 중요한 단어는 강세를 받아 길게 발음되고, 평서문의 끝에 오는 장음은 대체로 짧게 발음됩니다.

2. 단모음 **अ**의 발음

단어의 끝에 오는 단모음 **अ**는 일반적으로 발음되지 않습니다.

काम 일
(까-마) X (깜-) O

[모음 + 자음 + **अ** + 자음 + 모음]에서 단모음 **अ**는 발음되지 않습니다.

कमरा 방
(까마라) X (까므라) O

दरवाज़ा 문
(다라와-자) X (다르와-자) O

3. [자음 + **अ** + **ह**]에서 앞의 단모음 **अ**는 짧은 /에/에 가깝게 발음합니다.

यह 이것, 이 사람; 이
야하 → 여흐/예ㅎ

बहन
(바한나 → 바한 → 베헨)

पहले 먼저, 처음으로; 이전에
(빠할레 → 빠흘레 → 뻬흘레)

4. **य**와 **व**의 발음

य는 단어 끝에서 /이/로 발음되며, 짧은 /에/로 발음되기도 합니다.

गाय 암소
(가-야) X (가-이/가-에) O

चाय 짜이
(짜-야) X (짜-이/짜-에) O

व는 단어 끝에서 /오/로 발음되며, 짧은 /우/로 발음되기도 합니다.

तनाव 긴장
(따나-브) X (따나-오/따나-우) O

गाँव 마을
(강-브) X (가-오ㅇ/가-우ㅇ) O

व्는 장모음 **आ** 앞에 또는 자음 뒤에 올 때 /w/로 발음됩니다.

दरवाज़ा 문
(다르바-자) X (다르와-자) O

स्वर 소리
(스바르) X (스와르) O

그 외의 경우 /v/에 가깝게 발음됩니다.

विदेश 외국
(비데시/비데슈)

5. क़, ख़, ग़, ज़, फ़의 발음

क़(q), **ख़**(kh), **ग़**(ġ), **ज़**(z), **फ़**(f)와 같이 글자 아래 점(़)이 있는 자음은 외래어를 표기하는 것입니다. 이 점을 눅따(**नुक़्ता**)라고 합니다.

क़, **ख़**, **ग़**는 구개수음으로 목젖과 후설면 사이에서 나는 소리이며 파열음입니다. **ज़**는 치경음이고, **फ़**는 순치음입니다. 두 음은 마찰음입니다. 이들은 **क**, **ख**, **ग**, **ज**, **फ**와 비슷하나 별개의 자음이기 때문에 발음에 주의하여야 합니다.

क़िला 성
(낄라)

मोबाइल फ़ोन 휴대폰
(모바-일 폰)

अख़बार 신문
(아크바-르)

ज़रूर 반드시
(자루-르)

ग़लत 잘못된
(갈라뜨)

6. ऑ(ॉ)의 발음

외래어 모음 중 /어/와 /오/의 중간 발음은 **ऑ**(ॉ)로 표기합니다.

डॉक्टर 의사
(덕 따르)

बस स्टॉप 버스 정류장
(바스 스떱)

7. 비사르그(**विसर्ग,** ः)의 발음

비사르그(**विसर्ग,** ः)는 산스크리트 차용어휘에서 볼 수 있으며 /ㅎ/로 발음합니다.

अतः 그러므로
(아따ㅎ)

छः 숫자 6
(체ㅎ)

연습문제

1. **क़, ख़, ग़, ज़, फ़**의 발음에 유의하며 듣고 소리 내어 읽으세요.

डाकख़ाना

क़ुतुब मीनार

जिराफ़

लाल क़िला

ख़रगोश

क़लम

बत्तख़

मुर्ग़ा

लिफ़ाफ़ा

डाकख़ाना 우체국 क़ुतुब मीनार 꾸뚭 미나르 जिराफ़ 기린 लाल क़िला 랄 낄라
ख़रगोश 토끼 क़लम 펜 बत्तख़ 오리 मुर्ग़ा 수탉 लिफ़ाफ़ा 봉투

काग़ज़

सब्ज़ी

मेज़

सफ़ाई

दरवाज़ा

बाज़ार

अख़बार

बर्फ़

बर्फ़ी

काग़ज़ 종이　सब्ज़ी 채소　मेज़ 테이블　सफ़ाई 청소　दरवाज़ा 문　बाज़ार 시장

अख़बार 신문　बर्फ़ 눈; 얼음　बर्फ़ी 바르피(미타이)

2. ऑ(ॉ)의 발음에 유의하며 듣고 소리 내어 읽으세요.

कॉफ़ी

फुटबॉल

डॉक्टर

डॉलर

कॉलेज

मॉल

कॉफ़ी 커피　फुटबॉल 축구　डॉक्टर 의사　डॉलर 달러　कॉलेज 대학
मॉल 쇼핑몰

मेमो

पाठ 07

A0 필수 어휘

학습목표

- 힌디어 필수 어휘를 익힌다.
- 힌디어 필수 표현을 익힌다.

A0 ज़रूरी शब्दों की शब्दावली

1. 힌디어로 숫자를 셀 수 있나요?
2. 힌디어로 자기 이름을 쓸 수 있나요?
3. A0 단계의 필수 기초 어휘를 알고 있나요?

1. 힌디어 대명사를 쓰고 소리 내어 읽어보세요.

मैं

나

हम

우리

तू

너

तुम

너희; 너

आप

당신들; 당신

वह

그/저 사람; 그/저것; 그/저

यह

이 사람; 이것; 이

वे

그들; 그분; 그것들

ये

이들; 이분; 이것들

सब

모두; 모든

2. होना 동사의 현재형을 쓰고 소리 내어 읽어보세요.

हूँ

(나는) ~이다/있다

हो

(너희는) ~이다/있다

है

(너, 그/그녀는) ~이다/있다

हैं

(당신, 그들/그녀들은) ~이다/있다

3. 힌디어 의문사를 쓰고 소리 내어 읽어보세요.

कौन

누구

कब

언제

कहाँ

어디서

क्या

무엇; 무슨

कैसे
어떻게

क्यों
왜

किधर
어느 쪽으로

कैसा
어떠한

कितना
얼마나

4. 힌디어 명사를 쓰고 소리 내어 읽어보세요.

आज

오늘

कल

내일; 어제

लड़का

남자아이

लड़की

여자아이

माता

어머니

पीता

아버지

भाई

남자 형제

बहन

여자 형제

घर

집

स्कूल

학교

कोरिया

한국

भारत

인도

किताब

책

नाम

이름

काम

일

पानी

물

5. 힌디어 동사를 쓰고 소리 내어 읽어보세요.

आना

오다

जाना

가다

करना

하다

खाना

먹다

देना

주다

लेना

받다

सोना

자다

रहना

살다; 머무르다

बैठना

앉다

देखना

보다

हँसना

웃다

पढ़ना

읽다; 공부하다

चाहना

원하다, 바라다

6. 힌디어 형용사를 쓰고 소리 내어 읽어보세요.

अच्छा

좋은

ठीक

옳은; 괜찮은

ख़राब

나쁜; 상한

बड़ा

큰

छोटा

작은; 짧은

लंबा

긴

बहुत

많은; 매우

कम

적은; 조금

थोड़ा

적은; 조금

सुंदर

예쁜

ठंडा

차가운

गरम

뜨거운

आसान

쉬운

मुश्किल

어려운; 어려움

स्वादिष्ट

맛있는

7. 힌디어 부사를 쓰고 소리 내어 읽어보세요.

हाँ

네, 응

नहीं

안, 아니; 아니요

जी

~ 씨, 님(공경하는 뜻으로 부르기 위해 이름, 성, 지위 뒤에 붙이는 경칭)

फिर

다시, 또

यहाँ

이곳에

वहाँ

그곳에

इधर

이쪽으로

उधर

그쪽으로

अंदर

안에, 안으로

बाहर

밖에, 바깥으로

आगे

앞에

पीछे

뒤에

जल्दी

빨리

धीरे

천천히

8. 힌디어 후치사를 쓰고 소리 내어 읽어보세요.

ने

~이/가(행위격)

को

~을/를(대격); ~에게(여격)

से

~(으)로, ~에 의해서(도구격); ~에서/부터(탈격)

में

~에(처소격)

पर

~에(처소격)

तक

~까지(처소격)

9. 힌디어 숫자를 쓰고 소리 내어 읽어보세요.

एक

1

दो

2

तीन

3

चार

4

पाँच

5

छः

6

सात

7

आठ

8

नौ

9

दस

10

सौ

100

हज़ार

1,000

10. 힌디어 문장을 쓰고 소리 내어 읽어보세요.

नमस्ते ।

안녕, 안녕하세요.

धन्यवाद ।

감사합니다.

शुक्रिया।

감사합니다.

कोई बात नहीं।

천만에요.

आप कैसे हैं?

당신이(남성) 어떠하신가요?

आप कैसी हैं?

당신이(여성) 어떠하신가요?

मैं अच्छा हूँ।

나는(남성) 좋아요.

मैं अच्छी हूँ।

나는(여성) 좋아요.

आपका नाम क्या है?

당신의 이름이 무엇인가요?

मेरा नाम OOO है।

나의 이름은 ooo입니다.

आप कहाँ से हैं?

당신 어디서 오셨나요?(어디 출신인가요?)

मैं कोरिया से हूँ।

나는 한국에서 왔어요.(한국 출신이에요.)

वह क्या है?

저것이 무엇인가요?

वह OOO है।

저것은 OOO예요.

(मुझे) मालूम नहीं।

(제가) 몰라요.

फिर मिलेंगे।

또 만나요.

क्षमा कीजिए।

용서해주세요.

माफ़ कीजिए।

용서해주세요.

मुझे OOO चाहिए।

제게 OOO가 필요합니다.

नमस्ते

부록

परिशिष्ट

- 연습문제

धन्यवाद

अभ्यास

연습문제

1. 힌디어 모음을 써보세요.

अ

आ

इ

ई

उ

ऊ

ऋ

ए

ऐ

ओ

औ

2. 힌디어 자음을 써보세요.

क

ख

ग

घ

ङ

च

छ

ज

झ

ञ

ट

ठ

ड

ढ

ण

त

थ

द

ध

न

प

फ

ब

भ

म

य

र

ल

व

श

ष

स

ह

ड़

ढ़

3. 힌디어 자음과 모음을 결합하여 써보세요.

모음 / 자음	अ	आ	इ	ई	ए	ऐ	ऋ	उ	ऊ	ओ	औ
क्											
ख्											
ग्											
घ्											
च्											
छ्											
ज्											
झ्											
ट्											
ठ्											
ड्											
ढ्											
ण्											

모음 / 자음	अ	आ	इ	ई	ए	ऐ	ऋ	उ	ऊ	ओ	औ
त्											
थ्											
द्											
ध्											
न्											
प्											
फ्											
ब्											
भ्											
म्											
य्											
र्											
ल्											

모음 / 자음	अ	आ	इ	ई	ए	ऐ	ऋ	उ	ऊ	ओ	औ
व्											
श्											
ष्											
स्											
ह्											
ड़्											
ढ़्											

4. 힌디어 숫자를 써보세요.

० १ २ ३ ४ ५ ६ ७ ८ ९

5. 인도 국가를 듣고 써보세요.

जन गण मन अधिनायक जय हे
भारत भाग्य विधाता।

पंजाब सिन्ध गुजरात मराठा
द्रविड़ उत्कल बंग।

विंध्य हिमाचल यमुना गंगा
उच्छल जलधि तरंग।

तव शुभ नामे जागे
तव शुभ आशीष मागे।

गाहे तव जयगाथा।

जन गण मंगलदायक जय हे
भारत भाग्य विधाता।

जय हे, जय हे, जय हे
जय जय जय जय हे ॥

힌디어 표준 교재 A0

초판 인쇄	2019년 11월 20일
초판 발행	2019년 11월 27일
지은이	한국외국어대학교 인도어과 · 인도학과
발행인	김인철
총괄 · 기획	가정준 Director, University Knowledge Press
편집장	신선호 Executive Knowledge Contents Creator
기획 · 물류	이현진 Planning Expert
사전 · 도서편집	정준희 Contents Creator
전자책 · 도서편집	장혜린 Contents Creator
도서편집	이병철 Contents Creator
	이근영 Contents Creator
재무관리	하누리 Managing Creator
발행처	한국외국어대학교 지식출판콘텐츠원 02450 서울특별시 동대문구 이문로 107 전화 02)2173-2493~7 팩스 02)2173-3363 홈페이지 http://press.hufs.ac.kr 전자우편 press@hufs.ac.kr 출판등록 제6-6호(1969. 4. 30)
디자인 · 편집	(주)이환디앤비 02)2254-4301
인쇄 · 제본	(주)트윈벨미디어 02)2088-1810

ISBN 979-11-5901-658-5 14790 정가 23,000원
ISBN 979-11-5901-657-8 (세트)

*잘못된 책은 교환하여 드립니다.

HUiNE은 한국외국어대학교 지식출판콘텐츠원의 어학도서, 사회과학도서, 지역학 도서 Sub Brand이다. 한국외대의 영문명인 HUFS, 현명한 국제전문가 양성(International +Intelligent)의 의미를 담고 있으며, 휴인(携引)의 뜻인 '이끌다, 끌고 나가다'라는 의미처럼 출판계를 이끄는 리더로서, 혁신의 이미지를 담고 있다.

이 책의 음원(mp3)을 한국외국어대학교 지식출판콘텐츠원 홈페이지 (press.hufs.ac.kr) - 게시판 - 자료실에서 다운받아 사용하시기 바랍니다.